# Hamm
# *herrschaftlich*
## Schlösser, Parks und Herrenhäuser

Bernd Maßmann
Tobias Köbberling
Tom Herberg
Thorsten Hübner

Liebe Leserinnen und Leser!

Hamm ist eine Stadt der Industriekultur und zugleich Großstadt im Grünen. Hamm ist eine Stadt, die den Strukturwandel vollzieht und Menschen aus mehr als 150 Ländern eine Heimat gibt.

Hamm ist eine Stadt mit Traditionsbewusstsein und mit modernen, innovativen Unternehmen. Das alles wird den meisten Menschen bekannt sein, die in Hamm leben, zu Besuch waren oder sich mit Hamm näher beschäftigt haben. Weit weniger bekannt ist jedoch: Hamm ist auch eine Stadt mit herrschaftlichen Anwesen – mit beeindruckenden Schlössern, Parks und Herrenhäusern. Ich möchte Sie einladen, sich auf die Reise zu den schönsten Anlagen und Gebäuden zu begeben, die ganz verstreut innerhalb des 226 Quadratkilometer großen Stadtgebietes liegen.

Zunächst mithilfe dieses Bildbandes und dann vielleicht auch in Natura. Sie werden belohnt werden – mit einem neuen, „herrschaftlichen" Eindruck unserer vielfältigen Stadt.

Ihr Oberbürgermeister

Thomas Hunsteger-Petermann

# *Schloss Oberwerries*

## WO DER „TOLLE WERRIES“ RESIDIERTE

**INFORMATIONEN KOMPAKT:**

**Adresse:** Zum Schloss Oberwerries; 59073 Hamm (Heessen)

**Denkmalschutz seit:** 1986

**Erste Erwähnung/Erbauung:** 1667

**Heutige Nutzung:** Veranstaltungsort repräsentativer Empfänge der Stadt Hamm; Sport- und Qualifizierungszentrum des Westfälischen Turnerbundes

Als Vorgängerbau des heutigen Wasserschlosses Oberwerries taucht bereits 1284 im Lehnsregister des Grafen von Limburg-Styrum eine Burg auf, die höchstwahrscheinlich zur Grenzsicherung des Münsterlandes diente. Als Lehnsträger wird Ritter Engelbert von Herbern genannt, dessen Familie 180 Jahre hier ansässig war. 1464 kaufte Gerd von Beverförde das Anwesen, dessen Familie ebenfalls viele Jahrhunderte im Besitz von Oberwerries bleiben sollte.

Seine Nachfahren erwarben 1664 das lippeabwärts, etwa einen Kilometer entfernt gelegene Rittergut Niederwerries und vereinten es mit Oberwerries zu einem Besitz. Während die von Beverfördes, deren Geschlecht ursprünglich aus der holländischen Provinz Overyssel stammt, Niederwerries verfallen ließen, wurde im Oberwerrieser Besitz kräftig investiert: Ida Maria von Beverförde-Werries ließ durch den berühmten Baumeister Ambrosius von Oelde von 1685 bis 1692 ein Herrenhaus errichten.

Unklar ist, warum sich auf dem Gittergeländer der Freitreppen am Herrenhaus die Jahreszahl 1714 findet, es scheint weder das Datum der Fertigstellung, noch einer bekannten Erneuerung zu sein [01].

[01]

[02]

[03]

[04]

Ambrosius von Oelde war ein Kapuzinermönch und Architekt. Ihm werden mehr als 50 Bauwerke zugeschrieben, hauptsächlich in den Hochstiften Münster und Paderborn sowie im Herzogtum Westfalen. In Ahaus baute der Baumeister für den Bischof von Münster, Friedrich Christian Freiherr von Plettenberg-Lenhausen, einem Bruder der Maria Ida von Beverförde, das Schloss Ahaus, das Schloss Oberwerries sehr ähnelt. Typisch für diese Bauweise von Ambrosius von Oelde ist zum Beispiel das Mansardendach [04] (bei dem die Dachflächen im unteren Bereich abknicken) mit den großen Schornsteinen und dem angebauten Pavillonturm mit dem glockenförmigen Dach [02].

In diesem Pavillonturm befindet sich heute ein Trauzimmer der Stadt Hamm. [03]

[06]

[07]

Auf der Brücke zum Haupthaus grüßt die Sandsteinfigur des heiligen Nepomuk, des Brückenheiligen. [05] Über dem Haupteingang des Haupthauses befindet sich ein Sandsteinrelief, das im obereren Bereich die Dreifaltigkeit darstellt. Darunter befindet sich das von zwei Engeln gehaltene Wappen derer von Beverförde mit einem aufrecht stehenden Biber sowie einer langen Inschrift. [06]

Der im Schlosshof gelegene Marstall geht auf einen der schillerndsten Bewohner von Schloss Oberwerries zurück. Der Enkel von Ida Maria von Beverförde war der preußische Kammerherr Friedrich Christian von Beverförde zu Werries (1702-1768), der in der Gegend nur „der tolle Werries“ genannt worden sein soll. Überlieferungen berichten, er soll schon in jungen Jahren sehr arrogant gewesen sein – und habe den Bauern und Adligen makabre Streiche gespielt. Der „tolle Werries“ ließ von 1730 bis 1735 das heutige Marstallgebäude errichten. Dazu wurden unter anderen die Trümmer aus dem alten Rittergut Niederwerries verwendet.

Im Inneren des Marstalles zeigt sich eine sehenswerte, sogenannte Kappendecke, eine Deckenkonstruktion, die aus sich wiederholenden flachen Gewölben besteht. Zwischen den Eichenbalken sind hier kleine Rundbögen aus roten Ziegelsteinen gemauert. Baumeister des Marstallgebäudes war Johann Conrad Schlaun, der als einer der letzten bedeutenden Architekten des deutschen Barock gilt und im gesamten Münsterland seine architektonischen Spuren hinterlassen hat. [07]

[08]

[(

Das Torhaus scheint der älteste Teil der Anlage zu sein: Die eisernen Maueranker bezeichnen das Jahr 1667. [08] Im Inneren befindet sich ein Kamin von 1672, der die Inschrift seines Stifters trägt. Bis vor wenigen Jahren befand sich im Torhaus darüber hinaus eine der ältesten Glocken auf Hammer Stadtgebiet, die aus dem 13. Jahrhundert stammt. [10]

Wegen Beschädigung an der Glocke, an der Befestigung und am Glockenstuhl musste sie 2010 abgenommen und ins Stadtarchiv gebracht werden, wo sie für die Öffentlichkeit zugänglich ist. [09]

Heute dient Schloss Oberwerries als Bildungs- und Begegnungsstätte und Veranstaltungsort repräsentativer Empfänge der Stadt Hamm. Außerdem beheimatet Schloss Oberwerries das Sport- und Qualifizierungszentrum des Westfälischen Turnerbundes, in dem unter anderem Tagungen, Lehrgänge und Weiterbildungen stattfinden.

Durch seine Atmosphäre und idyllische Lage am Nordufer der Lippe inmitten eines Landschaftsschutzgebietes hat sich Schloss Oberwerries zu einem beliebten Ausflugsziel entwickelt.

# *Schloss Heessen*

## WO DIE VOLMERSTEINER DEN BODEN BEREITETEN

**INFORMATIONEN KOMPAKT:**

**Adresse:** Schlossstraße 1; 59073 Hamm (Heessen)

**Denkmalschutz seit:** 1985

**Erste Erwähnung/Erbauung:** 1440

**Heutige Nutzung:** Landschulheim Schloss Heessen

Schloss Heessen wird als der namhafteste Rittersitz im Bereich der heutigen Stadt Hamm bezeichnet. Das an der Lippe im Stadtbezirk Heessen gelegene Wasserschloss blickt auf eine lange, wechselvolle Geschichte zurück. Erstmals wird der Name Heessen in einer Urkunde von Kaiser Otto II. aus dem Jahr 975 genannt, allerdings an anderer Stelle: im Zusammenhang mit einem befestigten Oberhof des Bischofs von Osnabrück, der nur etwa 400 Meter nordwestlich vom heutigen Schloss gelegen haben soll.

Die erste Burg Heessen am Lippeufer wurde von der Familie von Volmerstein während der 1360er-Jahre gebaut. Sie bereiteten – auch im buchstäblichen Sinne – den Boden für den Standort des Anwesens in den kommenden Jahrhunderten: Noch heute stehen die Grundmauern von Schloss Heessen auf massiven Eichenpfählen, die im 14. Jahrhundert im Auftrag der Volmersteiner in den sumpfigen Boden der Lippeniederung getrieben wurden.

Nachdem die Volmersteins mit der nächsten Generation bereits ausgestorben waren, gelangte der Besitz über eine Erbtochter in die Hände der berühmten – in diesem Buch mehrfach erwähnten – Ritterfamilie von der Recke, die während der nächsten 350 Jahre von hier aus eine umfangreiche Grundherrschaft verwaltete.

Die von der Recke bauten im 15. Jahrhundert die Burg zu einem Herrenhaus im gotischen Stil um: mit Türmen, Erkern und Schmuckelementen. Später wurde das Anwesen von seinen verschiedenen Besitzern zwar mehrfach umgebaut und umgestaltet, doch zwischen 1905 und 1908 stellte der Münsteraner Architekt Alfred Hensen im Auftrag des Besitzers Dietrich von Boeselager (gest. 1920) seine ursprünglichen Formen aus dem 15. Jahrhundert wieder her – so wie sie weitgehend bis heute Bestand haben.

[01]

Gegenüber dem Vorbild aus dem 15. Jahrhundert wurde ein Turmbau ergänzt, dessen Stufengiebel die Höhe von 30 Metern erreichen. [01] Im Turm ließ Dietrich von Boeselager von einem befreundeten englischen Architekten die Kapelle im „englischen Stil" ausgestalten. [02] Die Gebäude der Vorburg sind einheitliche Neubauten vom Ende des 16. Jahrhunderts. Der Torbogen bezeichnet das Jahr 1600.

[03]

Das aus Backstein mit Rautenmustern bestehende Torhaus hat einen quadratischen Eckturm und eine sogenannte „Welsche Haube“. [03] Darunter wird in der Baukunst ein mehrstufiges Turmdach verstanden, das über einer unteren, breiteren Haube mit Laterne eine zweite kleinere Haube folgen lässt. Das gesamte Anwesen wird heute vom „Landschulheim Schloss Heessen“ genutzt, einem Tagesgymnasium und Internat. Eigenständige Besuche sind deshalb nur nach Absprache möglich. Die Arbeitsgemeinschaft Schlossgeschichte des Landschulheims bietet jedoch für alle interessierten Besucher eine abwechslungsreiche Schlossführung an, bei der die wichtigsten Stationen der bewegten Schlossgeschichte sogar in Spielszenen dargestellt werden.

In dem Park befindet sich ein achteckiges Gartenhaus mit Mansarddach und illusionistischer Deckenmalerei, das aus dem 18. Jahrhundert stammt und 1963 restauriert wurde. [06] Im Garten steht die Sandsteinfigur „La Fourberie“. Sie ist nach einem Vorbild aus dem Garten von Versailles angefertigt worden. [05]

Auch der Gartentisch auf sechs Grundpfeilern besteht aus Sandstein. [04] Die Parkanlage ist mit Resten eines sogenannten Boskett (französisch bosquet: Wäldchen, Gehölz) ausgestaltet. Ein Boskett ist eine spezielle, aufwändig gestaltete Gartenanlage, die sich durch dichte, in geometrisch exakte Formen geschnittene Hecken auszeichnet und in fast allen Barockgärten zu finden ist.

[04]

[05]

[06]

# *Kurpark*

## WO DIE KUR- UND BADEKULTUR WIEDER AUFLEBT

**INFORMATIONEN KOMPAKT:**

**Lage:** am Datteln-Hamm-Kanal, von der Innenstadt bis zur Schleuse in Werries (Hamm-Mitte und Hamm-Uentrop)

**Fläche:** 66,3 Hektar (Stadien, Maximare und ehemaliges Jahnbad einbezogen)

**Nutzung:** Innerstädtische Grünanlage; Naherholungsgebiet

Die Entwicklung des Kurparks hängt eng mit Hamm als Badekurort und dem Titel „Bad Hamm" zusammen – von den Anfängen bis heute. So stieß man 1883 bei Werries auf eine Solequelle. Die neu gegründete „Aktiengesellschaft Bad Hamm" entschloss sich, die Sole in die Nähe des damaligen Bürgerschützenhofs zu leiten und neben diesem ein Badehaus sowie später auch ein Kur- und Logierhaus zu errichten.

Der Schützenhof lag bei einer Parkanlage an der Ostenallee, die – ebenso wie die Ostenallee selbst – noch von General von Wolffersdorff (1716-1781) gebaut worden war. Da sich seit 1800 verschiedene Mediziner mit der Wirkung der Sole beschäftigt hatten und deren Wirksamkeit belegen konnten, stieg der Ruf des Bades an. Von Jahr zu Jahr kamen mehr Kurgäste, der Parkbereich um das neue „Kurzentrum" wurde ausgeweitet und gestaltet.

Um die Jahrhundertwende zählte man bereits mehrere tausend Besucher, die zusammen mit den Hammern das gesellschaftliche Leben – zum Beispiel bei Kurkonzerten – genossen. Der Fest- und Veranstaltungsbetrieb des Schützenhofes hatte sich da bereits wie selbstverständlich mit dem eigentlichen Kuren aus gesundheitlichen Gründen verknüpft.

[01]

[02]

[03]

[04]

Das heute als Kurhaus bezeichnete Gebäude geht auf das Logierhaus des bereits erwähnten Hammer Bürgerschützenhofes zurück. [04] Es wurde 1898 - wohl unter Einbeziehung älterer Bausubstanz - im Anschluss an die erste Schützenhalle von 1869 als deren Kopfbau errichtet. Verantwortlich für den Entwurf war der Iserlohner Architekt G. Leppin.

Als ehemaliger Bürgerschützenhof zeugt das heutige Kurhaus-Gebäude vom gesellschaftlichen Leben der Stadt Hamm um 1900. Der Bürgerschützenhof (Kopfbau und heutiger Spiegelsaal [01] war über Jahrzehnte hinweg die größte Versammlungs- und Veranstaltungsstätte in Hamm und damit der Ort, an dem bedeutende Festlichkeiten, Empfänge und Kundgebungen stattfanden – zum Beispiel 1923 der Besuch des Reichspräsidenten Friedrich Ebert. Die heutige Bezeichnung „Kurhaus" setzte sich für das Ensemble jedoch erst durch, als 1932 die Stadt den Saalbetrieb übernahm. Das Kurhaus steht seit 1996 unter Denkmalschutz. Heute finden im Kurhaus verschiedenste Feste einen stilvollen Rahmen. [02] [03]

[05]

[06]

[07]

Repräsentativ angelegt ist besonders die westliche Fassade des Kopfbaus von 1898, die zu den ehemaligen Kur- und Badeanlagen hin ausgerichtet war.

Der relativ schmale, rechteckige Baukörper mit insgesamt sieben Achsen zeigt im Zentrum aufwändigen Dekor in Zementstuck. Die Südfront kennzeichnet ein kleines turmartiges Treppenhaus, das ehemals mit einem sogenannten Zwiebelhelm abgeschlossen war. [06]
An der Westfassade sticht insbesondere die Verwendung von Jagdtrophäen und Jagdemblemen als Bauzier heraus. [07]

Der gläserne Multifunktionssaal ergänzt mit seinem zeitgenössischen Baukörper die Architektursprache des benachbarten Kurhauses mit seiner Jugendstilfassade. Die große Veranstaltungsfläche mit Licht- und Tontechnik sowie mobiler Bestuhlung bietet die Möglichkeit, hier größere Veranstaltungen, Konzerte und Feste zu organisieren. [05]

[08]

In der bewährten Tradition des Veranstaltungsbetriebes und der Kurkonzerte um 1900 erhielt der Kurpark Bad Hamm 2009 einen neuen Musikpavillon. Unter Federführung des Kulturbüros der Stadt Hamm finden in den Sommermonaten wieder eindrucksvolle Konzerterlebnisse ihren Raum. Der Musikpavillon wird auf Anfrage auch vermietet. [08]

In unmittelbarer Umgebung des heutigen Kurhauses steht das Albert-Isenbeck-Denkmal, ein Monument aus Sandstein. [09] Der Bürgerschützenhof soll als Vorgänger-Bau des heutigen Kurhauses wesentlich durch das Engagement von Schützenhauptmann Albert Isenbeck entstanden sein. In den Sockel des Denkmals ist ein bronzenes Medaillon mit dem Portrait von Albert Isenbeck eingelassen. Das Medaillon wurde von Melchior zu Strassen, einem namhaften Bildhauer des 19. Jahrhunderts geschaffen.

[09]

[10]

[11]

[12]

[13]

Unweit vom Kurhaus findet sich darüber hinaus ein weiteres Bauwerk neueren Ursprungs, das an die alte Tradition des Solebades Hamm anschließt: das 2008 errichtete Gradierwerk. Denn hier kann man das gesunde Atmen bzw. Inhalieren der feinen Sole-Schwebeteilchen genießen. Die vom Gradierwerk produzierte feuchte, salzhaltige Luft soll sich positiv auf die Atemwege auswirken und zur Behandlung von Atemwegserkrankungen hervorragend geeignet sein. [13]

Das Gradierwerk wird intensiv genutzt, zum Beispiel von den vielen Spaziergängern, die insbesondere am Wochenende durch den Kurpark laufen. Sie finden in den weitläufigen, ruhigen Wiesenflächen mit teilweise jahrhundertealten Baumriesen einerseits gesundheitsfördernde Ruhe und Entspannung, andererseits im Bereich des Kurhauses gesellschaftlich-kulturelles Leben – eine Mischung fast wie zur Blütezeit von Bad Hamm um 1900. [10] [11] [12]

# *Burghügel Mark*

## WO GRAF ADOLF VON DER MARK DIE STADT HAMM GRÜNDETE

**INFORMATIONEN KOMPAKT:**

**Adresse:** Soester Straße (Zugang); Hamm-Uentrop

**Denkmalschutz seit:** 1990

**Erste Erwähnung:** Anfang des 13. Jahrhunderts

Die Burg Mark war eine mittelalterliche Befestigungsanlage, bis 1391 Wohnsitz der Grafen von der Mark und Mittelpunkt der gleichnamigen Grafschaft. Graf Adolf von der Mark gründete in der Nähe 1226 die Stadt Hamm. Sichtbare Mauerteile sind auf dem Gelände nicht mehr vorhanden. Durch archäologische Grabungen wurden Reste der Bebauung wieder erkennbar, weshalb der Burghügel Mark den Status als Bodendenkmal hat.

Die für flaches Gelände typische, mittelalterliche Bauform der einstigen Burg Mark wird als „Motte" oder „Turmhügelburg" bezeichnet. Mit ihrem etwa sieben Meter hohen Hügel der Hauptburg und der rund zwei Meter über dem umliegenden Gelände aufgeschütteten Vorburg zählt sie zu einer der größten und besterhaltenen Motten in Westfalen.

Den Zugang zur Hauptburg bildete der Ostturm, der in die Ringmauer eingefügt war. Auf der gegenüberliegenden Seite der Hochfläche stand ein turmartiger „Palas", der Wohn- und Repräsentationszwecken diente. Über seinem gewölbten Untergeschoss befanden sich zwei weitere Stockwerke, die über hölzerne Außentreppen und Galerien miteinander verbunden waren.

[0

Von der Soester Straße kommend führt eine schöne Allee aus Laubbäumen die Besucher zum Burghügel. [01]
Das Bodendenkmal umfasst die Reste der ehemaligen Burganlage der Grafen von der Mark: Erdaufschüttungen, die von Gräften umgeben sind. [02] Der steinerne Brunnen auf der Vorburg soll sich im unteren Bereich noch im originalen Zustand befinden. [03] Sein genauer Entstehungszeitpunkt ist jedoch ungeklärt.

Zum 750-jährigen Bestehen der Stadt Hamm wurde 1976 auf dem Gelände ein großer Gedenkstein errichtet. [04] Eine Mauerung auf dem Boden erinnert an den Palas der Burg. [05] Außerdem informieren auf dem Gelände zwei Infotafeln über die Bauform und die historischen Hintergründe der Burg Mark. Der Burghügel Mark präsentiert sich heute als malerische Parkanlage und beliebtes Ausflugsziel.

[02]

[03]

[04]

HIER STAND DIE BURG DER
GRAFEN VON DER MARK
GRAF ADOLF I.
GRÜNDETE 1226
DIE STADT HAMM

[05]

# *Die Ringanlagen*

## WO EINST DIE STADTMAUERN STANDEN UND HEUTE EINE „GRÜNE OASE“ LIEGT

**INFORMATIONEN KOMPAKT:**

**Lage:** beginnend am Westentor um die „alte“ Innenstadt herum bis zur Nordstraße

**Erste Erwähnung:** 1913

**Heutige Nutzung:** Innerstädtische Grünanlage

Die Ringanlagen bilden heute einen „grünen Gürtel“ um Hamms historische Altstadt. Die Anfänge der Ringanlagen liegen im Jahre 1913 und sind den weitblickenden Planungen des ehemaligen Stadtbaurats Otto Krafft (1879-1916) zu verdanken. Kurz vor dem Ersten Weltkrieg bedrohten wiederkehrende Hochwasser und steigende Pegelstände der stadtnahen Flüsse Lippe und Ahse die Innenstadt mehr denn je. Als besonders gefährlich erwies sich die Ahse, die unterhalb von Osten-, Süden- und Westenwall entlangfloss. Mit großer Wucht drückte ihre Wasserkraft bis in den Verbindungsgraben hinein, der vom heutigen Otto-Krafft-Platz bis zur Lippe nördlich des Ostentors verlief. Aus diesem Grund wurde der Endlauf der aus dem Raum Soest zuströmenden Ahse verlegt und damit die Ringanlagen als Grüngürtel um die Kernstadt angelegt. Aus historischer Sicht zeichnen die Ringanlagen noch heute die Lage der mittelalterlichen Stadtbefestigung aus Stadtgräben, Mauern und Wällen nach. [01]

Im 18. Jahrhundert wurden die Befestigungsanlagen überflüssig. Fortan diente ein großer Teil der Stadtmauern als natürlicher Steinbruch. Spuren der Mauern, Gräben und Bastionen sind jedoch immer noch im Boden erhalten. Einzelne Bereiche der alten Befestigungsanlagen sind heute als Bodendenkmal in die Denkmal-

[01]

[02]

[03]

[04]

liste der Stadt Hamm aufgenommen, weil diese vom 13. bis 18. Jahrhundert maßgeblich die Verteidigungsbereitschaft Hamms symbolisierten.

Die 2008 aufwendig wiederhergestellten Ringanlagen sind wieder ein zentraler Naherholungsraum mit angenehmen Fuß- und Radwegeverbindungen. Im Vergleich zum historischen Vorbild sind die Ringanlagen heutzutage in großen Teilen wieder hergestellt, einzig am Westentor und dem Allee Center gibt es einen kleinen Bruch.

Schwerpunkte der Restaurierungsmaßnahmen waren unter anderem der Bereich im Südring, die ehemalige Lippeschleuse im Nordring sowie der historische Musikpavillon im Ostring. [03] [04]

Die alten Schleusenmauern der historischen Lippeschleuse im Nordring wurden ausgebessert und größere Fehlstellen – gemäß der Auflagen der Denkmalpflege – durch alte Ziegel und Sandstein ersetzt. [03] Stählerne Bastionen entlang der Gewässer schaffen zusätzliche Aufenthaltsqualität. [05]

5]

[0

In den vergangenen Jahren ist der Südring unter Bewahrung des alten Baumbestands umgestaltet worden: ein „Stadt-Dschungel“ wurde entfernt und die neue Bepflanzung effektvoll angelegt. Wege wurden saniert, Treppen und barrierefreie Übergänge neu gestaltet. Das Areal im Südring wird auch für Veranstaltungen wie beispielsweise Flohmärkte genutzt. [06]

Herausragender Abschnitt der Ringanlagen ist der Ostring, Hamms einziges Gartendenkmal. Prägende Elemente der Anlage sind neben dem Musikpavillon [07] und dem Bärenbrunnen das Tiefparterre mit seinen begleitenden Doppelalleen und den dazwischen liegenden profilierten Rasenflächen. Im Juni 1914 wurde der Ostring fertig gestellt. Seitdem diente er den Bürgerinnen und Bürgern als innerstädtische Parkanlage. Allerdings setzten Witterung, Umbauten und die (Kriegs-) Jahre dem Gartendenkmal zu. Insbesondere der Musikpavillon hatte durch eine neue Dachkonstruktion die Leichtigkeit und Beschwingtheit verloren. Das änderte sich 2011: Als Baustein des Programms „Hamm ans Wasser“ wurde die gesamte Anlage grundlegend saniert und im Sommer 2011 nach umfassender Renovierung fertiggestellt. Das Herzstück der Anlage ist der historische Musikpavillon, der oval ausgebildete Pavillon mit seiner auf acht Betonsäulen ruhenden markanten Haube. Jeweils weitere acht Säulen zu beiden Seiten mit auferlegter hölzerner Pergola komplettieren das symmetrisch gestaltete Bauwerk zu einer harmonischen Einheit.

[07]

Insbesondere aus Richtung des Pendants Bärenbrunnen [08] betrachtet, wächst das Bauwerk mit seinen Brüstungsmauern aus verputztem Eisenbeton und den beiden flankierenden Freitreppen aus der tiefer gelegenen Gartenseite empor. Als Prunkstück wurde die kupferne Dachkuppel des Musikpavillons anhand hundert Jahre alter Fotos detailgetreu nachgebaut, da keine Baupläne mehr existierten.

Der Bärenbrunnen ist eine der ältesten vollständig erhaltenen Brunnenanlagen in Hamm. [09]

Er bildet den östlichen Abschluss des Alleenbereichs und steht auf einem achteckigen Stufensockel mit einer kreisrunden Brunnenschale. In ihrer Mitte ragt eine Säule dorischer Ordnung empor, zu deren Fuß zwei große Bären sitzen. Ein dritter Bär liegt mit einem kleinen Kind auf dem Rücken auf dem Säulenkapitell [09] [10]. Aus allen drei Bärenmündern sprudelt Wasser, was den Brunnen insbesondere in heißeren Monaten zum beliebten Treffpunkt macht.

[08]

[09]

[10]

# *Haus Kentrop*

## WO HEUTE EIN PRÄCHTIGES HERRENHAUS AUF ALTEN KLOSTERMAUERN STEHT

**INFORMATIONEN KOMPAKT:**

**Adresse:** Haus Kentrop 5; 59063 Hamm (Mitte)

**Denkmalschutz seit:** 1996

**Erste Erwähnung/Erbauung:** 1290 (als Kloster Kentrop)

**Heutige Nutzung:** Privatbesitz

Der Grundbesitz Haus Kentrop hat eine lange Historie, die auf den Grafen von der Mark zurückführt. Nach der Gründung der Stadt Hamm im Jahre 1226 lag der Hof Kentrop zwischen der Stadtgrenze und der Burg Mark und war über einen schmalen Weg, der heute Dunantweg heißt, miteinander verbunden. Nachdem die Stadt besiedelt und befestigt war, verlegte der Graf Everhardius von der Mark das Kloster Marienhof vor die Stadttore, da es sich innerhalb der Stadt nicht entwickeln konnte und der ständigen Brandgefahr ausgesetzt war. Mit Unterstützung des Grafen von der Mark und vieler Spenden sowie dem Aufruf von 14 Bischöfen zum Erwerb von Ablassbriefen konnte der Bau der Klosteranlage begonnen werden. 1295 wurde die Kirche geweiht. Die Klostergebäude waren soweit hergestellt, dass der Konvent nach Kentrop verlegt werden konnte. Das Kloster, das dem Zisterzienser Orden angehörte, unterstand dem Patronat in Altenberg. Die im gotischen Stil gebaute Klosteranlage und die vorgelagerten Wirtschaftsgebäude wurden über eine durch die Ahse gespeiste Gräftenanlage eingefasst.

1808 wurde das Kloster dann aufgehoben. Die Klostergüter wurden unter Domänenverwaltung gestellt. 1820 übertrug König Wilhelm der III. von Preußen das Klostergelände der Provinz Westfalen. In den folgenden Jahren wurden die Gebäude verschiedenen Nutzungen überlassen.

Nachdem die Gebäude alle in einem desolaten Zustand waren, begann der Abriss unter Aufsicht des Bürgermeisters. Die Reste der Klostergebäude und Ländereien lagen brach und so entschloss man sich zu einem Verkauf an den Meistbietenden.

In der Versteigerung am 30. Oktober 1823 bekam der Domänenrat Ludwig Vorster den Zuschlag. Er wollte den Besitz Haus Mark mit dem Burghügel Mark und Haus Kentrop wieder vereinen und später seinem einzigen Sohn übertragen. 1872 stellte Wilhelm Vorster den Baupolizeilichen Antrag, auf Kentrop ein neues Wohnhaus errichten zu dürfen.

[01]

Ein Jahr später heiratete er Ottilie Pilgrim. Die Ehe blieb kinderlos und Wilhelm verstarb 1880 auf Kentrop. Die Witwe heiratete ein Jahr später den Gutsinspektor Graevemeyer, der Haus Kentrop und Haus Mark im Dezember 1885 an Jacob Loeb verkaufte. Jacob Loeb erwarb die Güter, um sie mit Haus Caldenhof zu vereinen und um einen Wohnsitz für den Erbfolger zu haben: Richard Loeb und seine Frau Meta. Meta Loeb ließ daraufhin das Haus von Grund auf renovieren und richtete es neu ein. Dazu fuhr sie nach Berlin und kaufte bei den königlichen Hoflieferanten ein. Unter anderem erwarb sie den großen Kachelofen, der heute noch in der Halle im Erdgeschoss steht. [01]

Darüber hinaus sind heute noch weitere Elemente der Innengestaltung aus dieser Zeit vorhanden – zum Beispiel die Stuckdecken. [02] Sie wurden erst in den 1980er-Jahren bei einer Kernsanierung wiederentdeckt.

Denn die Stuckdecken waren so oft mit Farbe überstrichen worden, dass die Ornamente kaum erkennbar waren. Nach dem Reinigen stellte sich heraus, dass einige ursprünglich farbig gefasst waren. Im Obergeschoss waren außerdem vier Wandsäulen übertapeziert

[02]

[03]

worden. Ein polnischer Kirchenmaler, der sich zu der Zeit in Hamm aufhielt, restaurierte die Säulen in ihrer plastischen Malerei. Der darüber liegende Stuck wurde wieder in seinen ursprünglichen Farben gefasst. Später konnte außerdem der Leuchter, der damals von Meta Loeb in Berlin für dieses Feld gekauft worden war, zurück erworben werden. [03]

Das Gelände Haus Kentrop wird heute privat genutzt und ist für die Öffentlichkeit nicht zugänglich.

**INFORMATIONEN KOMPAKT:**

**Adresse:** Huckenhollweg 42; 59077 Hamm (Pelkum)

**Denkmalschutz seit:** 1989

**Erste Erwähnung/Erbauung:** 1550

**Heutige Nutzung:** Privates Wohnhaus; Trauzimmer

Haus Reck ist der alte Adelssitz der Familie von der Recke im Stadtteil Lerche, unmittelbar an der Stadtgrenze zu Bergkamen gelegen. Den Namen „Haus Reck“ hat es erst zur Mitte des 16. Jahrhunderts angenommen. Zuvor hieß es „Haus zur Heyde“, da es in der „Pelkumer Heide“ liegt. Bereits 1392 wurde es der Wohnsitz der Herren von der Recke-Heeren, die zum westfälischen Uradel gehören. Sie waren über Jahrhunderte die Drosten, also den Landesherrn vertretende Verwalter, zu Unna und Kamen. Das Selbstverständnis der Herren von der Recke zeichnet sich auch durch die Einrichtung einer eigenen Pfarrstelle mit dazugehörigem Pfarrhof aus, dem ebenfalls denkmalwerten Haus Hansastraße 53 in Bergkamen.

Seit 2005 befindet sich Haus Reck in Privatbesitz. Der Gutsbetrieb wird von der Eigentümerfamilie als landwirtschaftlicher Ackerbaubetrieb geführt.

Der restaurierte Wehrturm und der Wehrgang sind Bestandteile der mittelalterlichen Wehranlage. Der Wehrturm fällt durch seine vieleckige Form (wahr-

scheinlich um 1550) und seine geschweifte Haube (1929) sofort ins Auge. Wehrmauer (ebenfalls ungefähr 1550 erbaut) und Wehrturm bestehen aus verputztem Mauerwerk aus Grünsandstein. Der anschließende Wehrgang umfasst sechs Bruchsteinarkaden aus dem 16. Jahrhundert. Eine Arkade (lateinisch arcus: Bogen) bezeichnet in der Architektur einen von Pfeilern oder Säulen getragenen Bogen. [02], [03]

Seit April 2007 ist der Wehrturm ein Außenstandesamt der Stadt Hamm: Das von der Familie Darenberg liebevoll restaurierte Trauzimmer direkt im Turm [01] ist ideal geeignet für kleinere Gesellschaften. Es bietet etwa 15 bis 25 Personen Platz und hat seinen ursprünglichen Charakter beibehalten. Oberhalb des Trauzimmers befindet sich im Turm noch ein weiteres Zimmer, das für einen Sektempfang nach der standesamtlichen Trauung gebucht werden kann.

[01]

[02]

[03]

[04]

[05]

Der Kern des Herrenhauses datiert aus dem 15. Jahrhundert und ist ein spätmittelalterlicher, rechteckiger Steinbau mit Kaminzügen in den Giebeln. Die alten Decken und Schießscharten sind noch erhalten. [05] Im Eingangsbereich des Herrenhauses ist außerdem das Wappen der Herren von der Recke zu sehen. [04]

42

[07]

[08]

Den südlichen Eingang zum Anwesen markiert ein Torbogen mit vorgelagerter Brücke. [06] Auf östlicher Seite befindet sich ein Torbogen, dessen oberer Teil erneuert wurde, ebenfalls mit vorgelagerter Brücke und einem nördlich anschließenden Stück einer alten Ringmauer. [08]

Am Torbogen befindet sich auf der rechten Seite ein Doppelwappen der Familien von der Recke und Bodelschwingh, auf der linken Seite das Wappen der Familie von der Recke einzeln. [07], [09]

[09]

**INFORMATIONEN KOMPAKT:**

**Adresse:** Geinegge 38; 59075 Hamm (Bockum-Hövel)

**Denkmalschutz seit:** 1985

**Erste Erwähnung/Erbauung:** 13. Jahrhundert

**Heutige Nutzung:** Privates Wohnhaus, Trauzimmer

Haus Ermelinghoff liegt im Nordwesten von Hamm, ganz in der Nähe des Bahnhofs Bockum-Hövel, der deshalb bei der Eröffnung der Eisenbahnstrecke Hamm-Münster 1848 auch noch den Namen „Bahnhof Ermelinghoff" trug. Das Anwesen ist bereits im 13. Jahrhundert nachgewiesen, als eine Familie von Ermel dort gewohnt hat. Das Herrenhaus in neugotischer Form entstand 1875 – unter Verwendung beträchtlicher Reste der alten Bausubstanz.

Ein Brand hatte das bisherige Gebäude zerstört. Etwa drei Jahrzehnte zuvor war das Anwesen in die Hände der Familie von Twickel gelangt: Denn Mathilde von Witgen, deren Großvater das Anwesen gekauft hatte, heiratete 1844 Joseph Freiherr von Twickel aus Havixbeck, der hier eine eigene Linie begründete. Noch heute befindet sich das Anwesen, das komplett von einer durch die Geinegge gespeisten Gräfte umgeben ist, im Besitz der Familie.

[01]

Vor der Brückenüberfahrt zum Hof und zum Hauptgebäude steht links eine schöne Statue, die Johann von Nepomuk, Schutzpatron der Brücken, darstellt. [01] Die sich anschließende Brücke wird von Torpfosten gerahmt.

Links ist dann die kleine, verputzte St. Bartholomäus-Schlosskapelle aus dem 17. Jahrhundert zu finden, in der sich auch ein Glockenturm befindet. [02] Sie geht auf den letzten Willen von Fürstbischof Christoph Bernhard von Galen zurück. In seinem Testament hatte er dem damaligen Eigentümer des Anwesens Alexander von Galen einen Betrag von 1200 Talern zur Verfügung gestellt, damit er eine neue Kapelle baut. Die bis dato an dieser Stelle existierende Hauskapelle war bereits seit Jahrzehnten nicht mehr benutzt worden und deshalb stark baufällig.

[02]

Der letzte Wille des Fürstbischofs hatte einen bestimmten Hintergrund: Nachdem die jahrhundertelangen Eigentümer von Ermelinghoff, die Familie von Galen, sich Mitte des 16. Jahrhunderts dem evangelischen Glauben zugewandt hatten, kehrten sie mit Alexander von Galen zum Katholizismus zurück. [03]

3]

[04]

[(

Der Kapelle folgt rechts das langgestreckte Torhaus im klassizistischen Stil mit Säulenportal von ungefähr 1825. [04] Hier war das erste Amtsgebäude Bockum und Hövel untergebracht. Denn Freiherr von Twickel war über viele Jahre Ehrenamtmann vom Amte Drensteinfurt, wozu Bockum und Hövel bis 1908 gehörten.

Zum Ensemble gehört außerdem das auf der Nordseite des Anwesens gelegene, stattliche Backsteinbrauhaus, das seit 1608 nahezu unverändert besteht und früher zur Herstellung und Lagerung – wohl vorrangig von Bier und Brot – genutzt wurde. Architektonisch auffällig ist sein in drei Stufen gegliederter Giebel, der sogenannte Drei-Staffelgiebel oder Treppengiebel. Unter seinem schmalen Vorbau befindet sich eine sehr schöne Wappentafel. [06]

Heute finden im alten Brauhaus aus der Zeit der Renaissance Hochzeiten einen malerischen Rahmen. Im Trauzimmer und dem angrenzenden Raum finden bis zu 40 Personen Platz. [05] Einmalig im Trauzimmerangebot in Hamm ist die Möglichkeit, an die standesamtliche Trauung im Trauzimmer die kirchliche Trauung in der barocken St. Bartholomäus-Schlosskapelle anzuschließen.

[06]

# *Gut Kump*

## WO DIE SCHULD ZU „HEISCHEN" WAR

**INFORMATIONEN KOMPAKT:**

**Adresse:** Kumper Landstraße 5; 59069 Hamm (Rhynern)

**Denkmalschutz seit:** 1986

**Erste Erwähnung/Erbauung:** 1747 (1298 erstmalig erwähnt)

**Heutige Nutzung:** Restaurant, Tagungsort und Hotel, Trauzimmer

Gut Kump ist ein großer westfälischer Schulzenhof. Seine Geschichte ist bis zum Jahr 1298 zurückzuverfolgen, als das Zisterzienserinnenkloster in Fröndenberg ihn erwarb und somit unter das Fröndenberger Hofrecht und die sogenannte Wachzinsigkeit stellte. Diese bedeutete, dass jede auf einem Fröndenberger Hof geborene und in das Hofrecht aufgenommene Person jährlich einen Wachszins an das zuständige Kloster zahlen musste. Das galt für die Bauern der Region ebenso wie für den Schulzen zu Kump. Der mittelalterliche „Schulte" oder „Schultheiß" hatte aber darüber hinaus eine besondere Aufgabe, nämlich die „Schuld zu heischen", also zu fordern. Er musste zehn Prozent aller seiner Erzeugnisse wie auch die der umliegenden Bauern in seiner Zehntscheune sammeln und an das Kloster zu Fröndenberg weiterleiten.

Als Entgelt für diese Dienste hatte der Schulze zu Kump das Anrecht auf ein gemeinsam mit anderen Bauern zu nutzendes Weideland, die sogenannte Almende.

[01]

[02]

[03]

[04]

Hier dienten Hofmarken [01], die auch für andere Zwecke wie Unterschriften genutzt wurden, als Markierungen. Die Hofmarke des Schulzen zu Kump war eine Rune, die sich auch als Vorlage im Hofwappen wiederfindet. [03] Sie ist unter anderem am Giebel des großen, villenartigen Herrenhauses zu sehen, das 1885 von Carl Wilms-Schulze Kump in Formen des Spätklassizismus erbaut wurde. [02]

Auffällig sind die großen Fenster und die gewaltige Deckenhöhe von 3,75 Metern, die Wilms-Schulze Kump einbauen ließ. Denn in der vorausgehenden Generation waren viele Todesfälle durch die Lungenkrankheit Tuberkulose zu beklagen. Durch optimale Möglichkeiten zum Lüften wollte man im Falle weiterer Tuberkuloseerkrankungen die Belastung der Innenräume mit Krankheitserregern verringern. [05]

Die Hofanlage bietet auch ein restauriertes Fachwerkhaus aus dem Jahre 1747, in dem ein Trauzimmer des Standesamtes der Stadt Hamm untergebracht ist. Das Trauzimmer trägt den Namen „Blüchersaal“ – nach Gebhard Leberecht von Blücher. Der preußische Generalmajor war eine der bedeutendsten Figuren im Befreiungskrieg der Preußen und Briten gegen Frankreich. Überlieferungen zufolge soll er auf Gut Kamp zu Gast gewesen sein und mit Heinrich Adam Schulte-Kump Karten gespielt haben.

Der Blüchersaal ist mit Stuckdecke, Hofwappen und funktionsfähigem Kachelofen von 1890 versehen. [04]

[06]

[07]

Zur Hofanlage gehören auch ein Fachwerkspeicher von 1832, eine freistehende Fachwerkscheune von 1800 und eine 1894 errichtete, ehemals fünftorige, heute mit vier Toren versehene Lagerscheune. [07] Die Tore sind so angelegt, dass man mit dem Fuhrwerk auf der einen Seite hinein und auf der anderen Seite heraus fahren konnte. In den sehr großen Räumen zwischen den Durchfahrten sind nur wenige Stützen, so dass große, hohe Lagerflächen entstehen.

Heute wird die Scheune für verschiedene Veranstaltungen genutzt. [06] Ein besonderer Höhepunkt im reichhaltigen Veranstaltungskalender ist das Narzissenfest, bei dem die Besucherinnen und Besucher auf dem Gelände von über 100.000 Narzissen begrüßt werden.

Der tolle Blick auf den Haarstrang und in Richtung Sauerland ist wohl ein weiterer Grund, warum sich Gut Kump zu einem beliebten Ausflugsziel entwickelt hat. [11] Gäste finden auf dem Anwesen ein Restaurant mit Fest- und Tagungsräumen sowie 33 Hotelzimmer.

8]

[09]

[10]

# *Gut Drechen*

## WO EMIL SCHULZE-STEINEN EIN IMPOSANTES HOFENSEMBLE ERRICHTETE

**INFORMATIONEN KOMPAKT:**

**Adresse:** Drei-Eichen-Weg 5; 59069 Hamm (Rhynern)

**Denkmalschutz seit:** 1986

**Erste Erwähnung/Erbauung:** 12. Jahrhundert

**Heutige Nutzung:** Privates Wohnhaus; vermietete Büroflächen und Wohnungen in den Fachwerkgebäuden

Unter dem Namen „Oberhof Drechen" oder „Schultenhof Drechen" reicht die Geschichte des Hofes bis in das 12. Jahrhundert zurück. Seine annähernd heutige Gestalt nahm der Hof jedoch erst um 1900 unter der Bewirtschaftung von Emil Schulze-Steinen und seiner Frau Frieda an. Emil Schulze-Steinens Vater Heinrich, Eigentümer des ungefähr fünf Kilometer südlich gelegenen Gutes Steinen, hatte den Hof zuvor für 200.000 Mark von seinem kinderlosen Bruder Conrad Schulze-Drechen für seinen Sohn gekauft. Emil nahm jedoch nicht - wie es seinerzeit üblich war - den Namen des Hofes „Drechen" an, sondern behielt seinen Namen. Der Namensbestandteil „Schulze" verweist auf die Funktion der „Schulzenhöfe" oder „Schultenhöfe": Der mittelalterliche „Schulte" oder „Schultheiß" hatte die Aufgabe die „Schuld zu heischen", also zu fordern.

Der Hof Drechen war ursprünglich eine Domäne der Landesherren. Zu seinem Hofesverband gehörten acht Unterhöfe. Die Aufgabe dieses Verbandes war die Versorgung des gräflichen Haushaltes und der Besatzung der nahe gelegenen Burg Mark. Das Herrenhaus im imposanten Hofensemble wurde 1900 in Formen der Neurenaissance von Emil Schulze-Steinen errichtet. Zum Herrenhaus als Zentrum der großen Schulzenhofanlage führt ein von den Wirtschaftsgebäuden flankierter breiter Weg.

Neben dem Herrenhaus trifft man noch auf Reste der alten Gräfte, also des Wassergrabens. [01] Im Inneren der Gräfte stand einst ein Jagdschloss der Grafen von der Mark. Zwischen der inneren und der Anfang des letzten Jahrhunderts verfüllten äußeren Gräfte befand sich bis 1900 die ungefähr 700 Jahre alte, zum Hof gehörende Kirche. Das sogenannte Patronatsrecht – also das Recht zur Besetzung der Pfarrstelle – hatte der jeweilige Hofbesitzer mit dem jeweiligen Landesherrn inne.

Das Herrenhaus war ursprünglich mit einem Speichergebäude verbunden, dessen größter Raum als Badestube eingerichtet war. 1933 wurde das Speichergebäude abgerissen und der heutige Wohnhausanbau als Altenteilwohnung errichtet. [02]

An einem der Wirtschaftsgebäude fällt ein in Stein gemeißeltes Wappen auf. Es handelt sich um den Grabstein von Heinrich-Wilhelm Schulte-Drechen (gest. 1757) und Marie Elisabeth Sümmermann (gest. 1754). Das Wappen besteht aus einer Eiche, der Hofmarke des Gutes Drechen, und einer Rune, der Hofesmarke des Gutes Korten bei Ostbüren. Denn von dort stammte Marie Elisabeth Sümmermann. [03]

[C

)2]

[03]

Die Wirtschaftsgebäude in Fachwerk bestehen aus einem breiten und lang gestreckten Bau zur Rechten und einem architektonisch sehr ansprechenden Gebäude zur Linken. Denn bei diesem Gebäude verläuft das Satteldach abwechselnd quer und längs zur Hofanlage, da die Teile zu verschiedenen Zeiten gebaut und verbunden wurden. Der Schafstall entstand bereits 1829, später dann ein Vorstall. 1901 wurden dann zwei weitere Gebäudeteile errichtet: ein Zwischengebäude mit drei großen Unterständen für die Kutschenwagen und den Pferdeschlitten und ein Pferdestall mit zwei großen Boxen für fohlende Stuten und Platz für zwölf weitere Pferde. Über dem Pferdestall befand sich früher auch die sogenannte Leutekammer, in der die ledigen Landarbeiter schliefen.

Westlich der Hofanlage befindet sich ein weiteres Fachwerkgebäude von ungefähr 1820, östlich der Hofanlage ein ehemaliges Landarbeiterhaus. In den Fachwerkhäusern wurden hochwertige Büroflächen und Wohnungen ausgebaut und vermietet.

# *Haus Ostholz*

## ÄLTER ALS DIE STADT HAMM

**INFORMATIONEN KOMPAKT:**

**Adresse:** Alter Uentroper Weg 263; 59071 Hamm (Uentrop)

**Denkmalschutz seit:** 1991

**Erste Erwähnung/Erbauung:** 1221

**Heutige Nutzung:** Privates Wohnhaus

Unter dem ursprünglichen Namen „Gut Osthof" wurde Haus Ostholz in Hamm-Uentrop bereits 1221 erstmals erwähnt. Das Anwesen ist damit sogar älter als die 1226 gegründete Stadt Hamm selbst. In seiner wechselvollen Geschichte wurde Gut Ostholz mehrmals zerstört und wieder neu errichtet.

Ein für Hamm besonders wichtiges Kapitel in der Geschichte von Haus Ostholz beginnt Mitte des 18. Jahrhunderts. Nachdem mit Friedrich Christian von Beverförde der letzte Erbe des Hauses Ostholz verstorben war, fiel das Lehen wieder dem preußischen Staat zu. Friedrich der Große übertrug es schließlich 1768 dem in seinen Diensten stehenden preußischen Generalmajor Karl-Friedrich von Wolffersdorff.

Dieser hatte am Siebenjährigen Krieg teilgenommen und war danach Garnisonskommandeur des „Preußischen Regiments zu Fuß" in Hamm geworden. Wolffersdorff war es auch, der die Hammer Ostenallee anlegen ließ: Sie sollte nämlich die Stadt Hamm mit seinem Gut Ostholz verbinden.

Das Haupthaus der Anlage, ein zweigeschossiger fünfachsiger Putzbau, stammt von 1869. [01] Sein Eingang ist über eine einfache Freitreppe zu erreichen. [02]

Die bis heute auf dem Grundstück vorhandenen Baulichkeiten stammen aus dem 18. und 19. Jahrhundert. Vor allem an der nördlichen Grundstücksgrenze und an der südlichen Grundstückseinfahrt finden sich noch Grundstücksmauern aus Ziegelstein , die vermutlich aus dem frühen 18. Jahrhundert stammen, also zu Zeiten Wolffersdorffs schon vorhanden waren. [03]

[01]

[02]

[03]

[04]

Das Wirtschaftsgebäude ist ein voll verputztes Fachwerkhaus mit einfachen Stuckgesimsen. Der westliche Gebäudeteil war das so genannte Kammerfach mit Gesindewohnräumen. Im östlichen Gebäudeteil waren Stallungen und Lagerräume. [04] [05]

[05]

**INFORMATIONEN KOMPAKT:**

**Adresse:** Zollstraße 2; 59071 Hamm (Uentrop)

**Denkmalschutz seit:** 1986

**Erste Erwähnung/Erbauung:** 12. Jahrhundert

Haus Uentrop soll schon im 12. Jahrhundert dem Schutz des Lippeübergangs zwischen Uentrop und Dolberg – also der oberhalb der Stadt Hamm gelegenen Besitzungen – gedient haben. Haus Uentrop wurde als einziger Rittersitz des alten märkischen Amtes Hamm bis 1990 von den Nachkommen des beheimateten Adelsgeschlechts, der Familie von der Recke, bewohnt und bewirtschaftet. Heute ist das Anwesen unbewohnt. Die erste Verbindung zwischen Familie von der Recke und Haus Uentrop stellt eine Urkunde Graf Dietrichs von der Mark dar, in der dieser Hermann von der Recke das Haus zu Lehen gibt. Das bestehende Herrenhaus-Gebäude wurde – nachdem die alte Burg und das Wirtschaftsgebäude einem Brand zum Opfer gefallen waren – von 1713 bis 1720 von dem Bentheimer Baumeister Lubbert Hagen errichtet. Dieser war auch bei der Erbauung vieler weiterer heutiger Baudenkmäler im Münsterland tätig.

[01]

Seine Auftraggeberin war Anna Magdalena geb. von Baer, die Witwe von Dietrich von der Recke (gest. 1710). Davon zeugt das Doppelwappen Reck-Baer aus dem Jahr 1720, das sich über dem Hauptportal befindet. [01]

Das heute unbewohnte Herrenhaus wird teilweise von einer gut erhaltenen Gräfte umgeben. [02] In der Eingangshalle des schlichten Backsteinbaus befindet sich eine aufwendige, hölzerne Treppe mit einem sogenannten Dockengeländer, das aus Docken – also kurzen, meist gedrechselten Säulen – besteht.

Die Anordnung der Räume folgt dem Schema „Appartement double". Architekturgeschichtlich zeichnet der Begriff eine funktional zusammengehör Folge von Räumen im Schlossbau der Renaissance u des Barock. Nach dieser sind zum Beispiel die Priv räume in zwei parallelen Fluchten angeordnet und ü Verbindungstüren und Gänge zugänglich.

Zum Anwesen gehören noch drei zweigeschossige, Feldbrandsteinen errichtete Wohn- und Wirtscha gebäude: ein Gesindehaus von 1849, ein Kuhstall u eine Scheune von 1860.

2]

# *Haus Hohenover*

## WO DIE KAROLINGER AM HOHEN UFER LEBTEN

**INFORMATIONEN KOMPAKT:**

**Adresse:** Rhynernstraße 2; 59071 Hamm (Uentrop)

**Denkmalschutz seit:** 1986

**Erste Erwähnung/Erbauung:** 17. Jahrhundert

**Heutige Nutzung:** Privates Wohnhaus

Haus Hohenover liegt an der Ahse – unweit der Grenze zum Kreis Soest – und ist als Rittersitz bereits im Mittelalter bezeugt. Es sollen verschiedene Hinweise darauf existieren, dass Haus Hohenover schon zu Zeiten der Karolinger bestanden hat. Der Name Hohenover bedeutet dabei wohl „hohes Ufer". Es gehört zu den kleineren Wasserschlössern auf dem Land. Die Gräftenanlage ist weitgehend erhalten.

Zahlreiche Adelsfamilien waren im Laufe der Jahrhunderte Eigentümer dieses ehemaligen Rittersitzes gewesen – bis es 1745 Justizrat Christian Albert zur Heiden, Bürgermeister zu Hamm kaufte. Die zur Heiden erbauten auf Hohenover ein neues Herrenhaus. Über der Haustür ist noch heute das Wappen der Familie zur Heiden (drei Heideblumen) zu sehen. Direkt unter dem Wappen befindet sich die lateinische Inschrift „DEDICATUM MDCCLXXXI", die vom Abschluss des Baus im Jahr 1871 berichtet.

Nach mehreren weiteren Eigentümerwechseln verkaufte es Freiherr von Fürstenberg zu Körtlinghausen 1872 an die Familie Blanke/Böning in Norddinker, in deren Eigentum es sich noch heute befindet.

[01]

# *Haus Gröneberg*

## WO DIE RITTER WOHNTEN

**INFORMATIONEN KOMPAKT:**

**Adresse:** Gröneberstraße 16; 59071 Hamm (Uentrop)

**Denkmalschutz seit:** 1986

**Erste Erwähnung/Erbauung:** 17. Jahrhundert

**Heutige Nutzung:** Privathaus/ Landwirtschaftlicher Betrieb

Haus Gröneberg an der Ahse in Braam-Ostwennemar ist ein stattlicher Hof mit einem zweigeschossigen Haupthaus. Es ist ein seit dem späten Mittelalter bezeugter Rittersitz, auch wenn das Fachwerk-Haupthaus damals noch nicht existierte.

Urkundlich festgehalten ist, dass Haus Gröneberg sich bis 1452 im Besitz der Familie von Galen befand. Hermann von Galen veräußerte es am 15. November 1452 an Idel von Walrave aus Norddinker. Familie Walrave war dann bis in die zweite Hälfte des 17. Jahrhunderts hinein Besitzer und stellte die Herren zu Gröneberg, bevor Christina Maria von Walrabe das Gut 1675 durch Heirat an Herrmann Dietrich von Kückelsheim brachte.

Wie die Wappen beiderseits des Herdfeuers zeigen, erbaute dessen Enkel Hermann Carl Joseph von Kückelsheim zusammen mit seiner Ehefrau das heutige Haus Gröneberg. [02]

Damals wurde das Haus von einer Gräfte umgeben, von der heute noch Teile erhalten sind.

Insbesondere mit seinen aufwendigen Schmuckelementen ist der ehemalige Rittersitz ein eindrucksvolles Beispiel für die Fachwerkkunst des 18 Jahrhunderts. [01] Das herrschaftliche Haus weist außerdem im Inneren noch die Raumaufteilung adliger Landsitze des 16. Jahrhunderts auf. Vom Leben der früheren Adelsgeschlechter auf Haus Gröneberg künden auch verschiedene Bilder, Malereien, Verzierungen und Wappen. [03]

[01]

[02]

[03]

# *Quellenangaben:*

Stadt Hamm (2011): Wikipedia, „Der Ostring – ein Gartendenkmal".

Stadt Hamm (2006): „Die historischen Ringanlagen von Hamm. Mit Bildern aus der Sammlung von Ilsemarie von Scheven."

Stadt Hamm (2005):, „Ringanlagen Hamm – Entwicklungs- und Gestaltungskonzept".

Denkmalliste der Stadt Hamm in der Fassung vom 1. Januar 2012.

Perrefort, Maria (2008): „Es gibt ausgezeichnete Köpfe hier". Das preußische Hamm um 1800.

Ribhege, Wilhelm (1991): Geschichte der Stadt und Region Hamm im 19. und 20. Jahrhundert.

Schulze Steinen, Hans-Jürgen (2009): Der Oberhof Drechen in der westfälischen Grafschaft Mark.

Zink, Herbert (1976): 750 Jahre Stadt Hamm.

Westfälischer Anzeiger vom 11. September 2010: Altes Rittergut. Haus Gröneberg ist eine Station beim Tag des offenen Denkmals.

„http://www.hamm.de" www.hamm.de
„http://www.hamm-wiki.de
„http://www.wikipedia.de" www.wikipedia.de
„http://www.gut-kump.de/geschichte
„http://www.burgen-und-schloesser.net

Burgen in Westfalen. (http://grosse-drenkpohl.de)
Landschulheim Schloss Heessen: Das westfälische Wasserschloss Heessen blickt auf eine lange, wechselvolle Geschichte zurück. (www.lsh-heessen.de)

Rita Kreienfeld: Schloss Heessen. (www.heimatverein-heessen.de)

Nordrhein-Westfälisches Staatsarchiv Münster KSA 6534

Familienarchiv Loeb-Böhme-Wels

Auf der Titelseite dieses Bildbandes ist das Herrenhaus von Gut Kump abgebildet. Auf den beiden folgenden Seiten ist eine Luftaufnahme von Schloss Oberwerries im Nebel zu sehen. Auf der letzten Seite vor der Übersichtskarte ist das Gradierwerk im Kurpark abgedruckt. Die Rückseite des Bildbandes ziert ein Foto des Gartendenkmals Ostring mit dem Bärenbrunnen im Vordergrund.

**Hamm**

*herrschaftlich*

Schlösser, Parks und Herrenhäuser

Herausgeber: Bernd Maßmann
Konzeption: Bernd Maßmann
Text: Tobias Köbberling, Tom Herberg, Dorothea Wels
Fotos: Thorsten Hübner, Hans Blossey, Dorothea Wels (S. 46)
Grafik: Stadt Hamm
Layout/Design: Thorsten Hübner
Lektorat: Verlagsgruppe Beleke
Gesamtherstellung: Verlagsgruppe Beleke


Verlagsgruppe: Verlag Beleke GmbH, Essen, Aachen, Dortmund, Lübeck, Wiesbaden
DAS RATHAUS Verlagsges. mbH & Co. KG, Essen
Max Schmidt-Römhild KG - Deutschlands ältestes Verlags- und Druckhaus seit 1579 - Lübeck, Berlin, Essen, Wiesbaden
HANSISCHES VERLAGSKONTOR GmbH, Lübeck
SCHMIDT-RÖMHILD Verlagsgesellschaft mbH
Leipzig, Rostock, Schwerin – Verlag Wendler GmbH, Aachen
ntv neue television FILM-TV-PRODUKTION GmbH, Essen
ELVIKOM Film-Verlag GmbH, Essen
www. beleke.de

ISBN: 978-3-8215-0653-1

# *Nachwort:*

An dieser Stelle möchten wir uns bei den Besitzern und Eigentümern der vorgestellten Gebäude bedanken. Ohne ihren Einsatz wäre es nicht möglich gewesen, den Bildband zu erstellen. Sie haben nicht nur die Genehmigung für Fotoaufnahmen und deren Veröffentlichung gegeben, sondern auch viele historische und bauliche Informationen zu ihren Gebäuden zur Verfügung gestellt und die Texte abschließend geprüft. Dadurch kann der Leser nun nicht nur historische Informationen erhalten und die vielseitigen Bilder sehen, sondern vielleicht auch selbst ein neues Bild entwickeln – vom herrschaftlichen Hamm, vom Hamm der Schlösser, Parks und Herrenhäuser.

## Übersichtskarte der Schlösser, Herrenhäuser und Parkanlagen

1 Schloss Oberwerries
2 Schloss Heessen

3 Kurpark
4 Burghügel Mark
5 Nordring
6 Ostring
7 Südring

8 Haus Kentrop
9 Haus Reck
10 Haus Ermelinghoff
11 Gut Kump
12 Gut Drechen
13 Haus Ostholz
14 Haus Uentrop
15 Haus Hohenhover
16 Haus Gröneberg

Quelle:
Stadt Hamm, Vermessungs- und Katasteramt

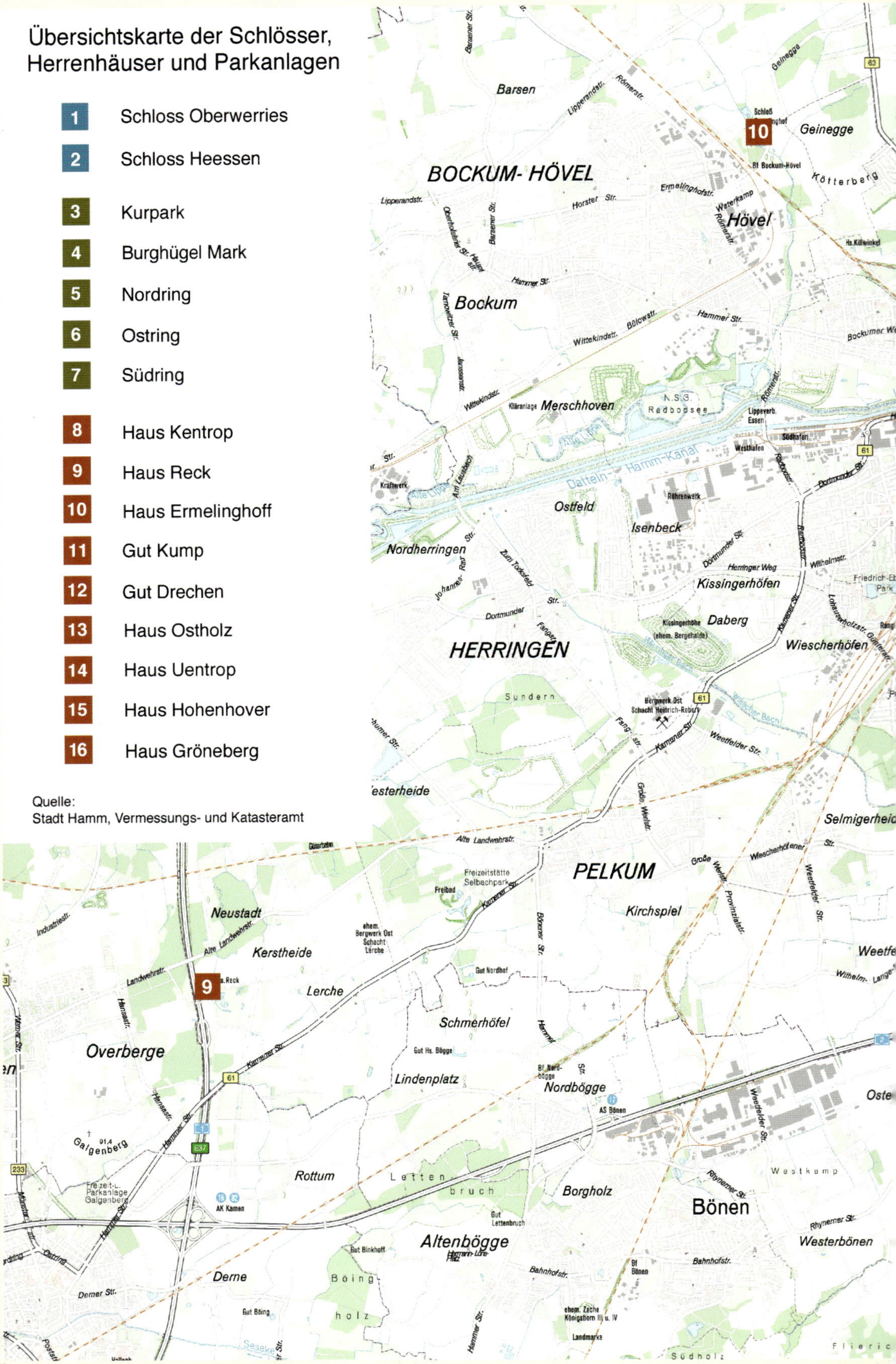